Passagens

Mariana Ianelli

PASSAGENS

ILUMINURAS

Copyright © 2003:
Mariana Ianelli

Copyright © desta edição:
Editora Iluminuras Ltda.

Capa:
Carlos Magno Bomfim
Via Impressa
sobre *Vibração em azul* (1998), pastel sobre cartão [30 cm x 20 cm],
Arcangelo Ianelli

Revisão:
Ariadne Escobar Branco

Composição:
Iluminuras

ISBN: 85-7321-199-7

2003
EDITORA ILUMINURAS LTDA.
Rua Oscar Freire, 1233 - 01426-001 - São Paulo - SP - Brasil
Tel.: (0xx11)3068-9433 / Fax: (0xx11)3082-5317
iluminur@iluminuras.com.br
www.iluminuras.com.br

Índice

O Poeta no limiar 9
Nelly Novaes Coelho

Introdução 13

O enredo do Cão

"*Nenhuma oração foi necessária*" 19
"Nas galerias ocultas do medo eu me contive" 21

Lamentações

"Esta dor voltou a ser" 27
"Imaginamos — 'já basta'" 29
"Eu persisti" 31
"Quando as feras montaram" 33
"Contornada a margem fina" 35

Passagens

"Eu escrevi a minha desventura" 39
"Perdeste o teu melhor destino" 41
"Não falamos mais sobre este abismo" 43
"A música fala pelos que ficam" 45
"Danço contra os sinais de pecado" 47
"És o senhor de um continente livre" 49
"Ainda estou em luta e sonho" 51
"Ave degolada é a tua memória" 53
"Aconteceu-me este fogo" 55
"Deste-me o segredo de teu nome" 57
"Nada foi feito que revivesse a coisa morta" 59
"Já não me recordo da tua adolescência" 61
"Procurei o teu olhar desatento" 63
"Tinha de ser o caos" 65
"Ignoro se tu és capaz de voltar" 67
"Agora eu compreendo as tuas passagens" 69
"Hás de partir sem demora" 71
"Esquecemos este céu absoluto" 73
"Oráculo de uma só resposta" 75
"O inferno esteja contigo" 77
"Retorna para o Tártaro" 79
"Para honrar tua vontade, festejamos" 81

Outubro

"Pelo coro de nossas mãos trêmulas" 85
"Diz agora se te lembras da casa" 87
"Negro faisão, e tão negro" 89
"O mistério do destino existia no teu peito" 91
"O que nos foi dado, há muito tempo" 93
"Mas algo ainda permanece" 95

Poemas para Epitáfios

"Porque o culto da alvorada persevera" 101
"Pela severidade da espera ao longo do sono" 103
"Fui contado entre aqueles que desciam" 105
"Carrego a palavra mansa que me acalentou" 107
"Se alguém negasse a fé nos tempos da agonia" 109
"Um homem buscou o princípio do poema" 111
"Para além do muro de pedra" 113
"Sem força, ainda consenti em avançar" 115
"Eu quis o mar, o porto de águas mornas" 117
"Deixaste conosco a festa mágica de tuas cores" 119
"Nossa pequena menina inesquecível" 121
"A placidez com que foste cerzindo os anos" 123
"Não te aflijas" 125

Sobre a autora 127

O Poeta no limiar

Nelly Novaes Coelho

> "Hoje sou o errante que civiliza no vácuo
> [...]
> Uma caça devorada pelo abutre, ainda quente,
> Estas ruínas que transporto inutilmente
> Nem promessa de luz, nem melancolia:
> Um fantasma já não medita sobre o seu tempo."

Poeta da condição humana, Mariana Ianelli, neste *Passagens*, se faz testemunha lúcida/agônica do atual caos em que mergulhou a brilhante Civilização que herdamos da Tradição. A que criou o mundo belo e progressista de ontem, alicerçado em Verdades e Certezas absolutas e que, já esgotado em seus valores de base, se vê mergulhado em crise, sem que outros "absolutos" surjam para substituir os antigos e permitir que um novo equilíbrio seja alcançado no mundo. Em meio ao caos, só restou o Homem e sua voz de Poeta com a tarefa de re-nomear o mundo.

> "De outrora só restou a matriz do indivíduo
> Que disseminava aos ventos o seu afinco
> [...]
> Já não peço o contrário desta noite — eu silencio.
> [...]
> Caiam todos sobre mim: eu subsisto."

Passagens testemunha o apocalipse; dá voz ao homem-da-queda, "prisioneiro de si mesmo", que "dança contra os sinais de pecado", nele inscritos por Deus. Poesia essencialmente metafórica, a destas *Passagens* tem raízes bíblicas. Como a poeta diz na Introdução, ao descobrir no Antigo Testamento a "intensidade de um sofrimento humano nunca tão bem entoado como nas queixas de Jó", nasceram os versos do "Enredo do Cão" — poemas que abrem o volume. Neles se faz presente o "homem degradado" do nosso tempo-em-mutação, aquele que, como Jó, se viu despojado de sua dignidade humana e de tudo quanto construiu em sua vida de dedicação ao dever e de fé.

> "Nas galerias ocultas do medo eu me contive,
> Não ousava elevar meu grito de inocência.
> Tantas vezes ostentei os meus cuidados
> Em conservar o rebanho e os campos de trigo
> Como se todos habitassem um só corpo
> Que a ocasião de felicidade protegesse
> E foi num sopro que acabei exterminado
> Vivendo entre a espada, o luto e uma elegia."

Essas três palavras, *espada, luto e elegia*, definem o húmus que alimenta esta poesia em seus cinco passos: "O Enredo do Cão", "Lamentações", "Passagens", "Outubro" e "Poemas para epitáfios". Em todos eles, se faz presente a luta, a morte, o lamento. Ou, sintetizando, o homem visto como o ser-para-a-morte (como o viu, Heidegger, num primeiro momento) — aquele que, por mais que busque a vida, só encontrará a morte, a aniquilação do próprio ser.

"Eu persisti,
Olhei os teus braços erguidos,
Pesquisei os teus pavores nos meus
E conclui que a nossa luta era perdida."

Mas nesse limiar apocalíptico, algo vibra como intuição da vida cíclica, que preside o universo e a história:

"— Aprendemos isso.
O que de nós foi roubado
Mas antes resplandecia,
O que foi interrompido em mim,
instinto de luta,
Retornará mais ardente, mais firme,
para as mãos de quem eu nunca vi"

Réquiem pelo homem sitiado pela dor e pela morte, *Passagens* termina abrindo uma fresta para a luz:

"Não te aflijas: / Na entranha do rochedo que te prendeu / Foi inscrita a audácia do teu desafio, / Do espelho inerte que te recebeu / Uma fonte viva expediu a tua luz. / Que nunca se perca o esplendor da tua ascensão."

Estará nascendo o homem, ser-feito-de-tempo?...

Introdução

Este livro surgiu de uma experiência incalculada.

Alguns primeiros textos escritos me levaram à descoberta do *Antigo Testamento*, particularmente à intensidade de um sofrimento humano nunca tão bem entoado na história da grande literatura como nas queixas de Jó. A partir daí surgiram os versos do "Enredo do Cão" que, no entanto, podem ser lidos na ausência de qualquer referência bíblica.

Busquei ainda as "Lamentações" que narram a queda de Jerusalém e os seus castigos — foi quando me ocorreu que essa "terra santa" pudesse estar fadada ao eterno sacrifício de sua gente.

Do emblema da despedida nasceram as cinco elegias e também os outros poemas de "Passagens", em sua versão ao mesmo tempo trágica e paradisíaca.

Os epitáfios vieram mais tarde, para dar voz aos que morrem no anonimato tendo antes vivido alguma história invulgar.

"Outubro" é a parte mais silenciosa do livro. Algo nestes poemas parece escapar ao limite dos versos e querer seguir ao infinito.

Espero que esse tributo à luta do homem contra os desastres do corpo e do pensamento chegue, um dia, ao coração dos leitores.

M.I.

PASSAGENS

O enredo do cão

Nenhuma oração foi necessária
Para dizer como tua angústia se pôs nua,
De coxas nuas, desnutridas e surradas.
De quanta monotonia este enredo é feito
Que prevê a escuridão das tropas de combate
Mas não lamenta a tua consciência enfraquecida,
Teu brilho moreno se apagando,
Porque maior é o repouso do corpo, e mais precioso,
Quando o sangue já se esvaiu desperdiçado...
De quanta sabedoria este enredo é feito
Que restaura um exército de sua culpa e sua couraça
E desenrola a bandeira da trégua sobre ti
No instante em que nada mais te contentava...

Ter o sono brutal será também teres te apagado um pouco,
Mas afinal toda vida que fulgura, para fulgurar consome.

Nas galerias ocultas do medo eu me contive,
Não ousaria elevar meu grito de inocência.
Tantas vezes ostentei os meus cuidados
Em conservar o rebanho e os campos de trigo
Como se todos habitassem um só corpo
Que a ocasião da felicidade protegesse
E foi num sopro que acabei exterminado,
Vivendo entre a espada, o luto e uma elegia.
O pastoreio que difundia minha glória pelos montes
Não perdurou como eu imaginava,
Um fenômeno tenebroso vingou sobre minha fé
E o caos no céu encobriu as minhas idades.
Para mim estava aberto um só atalho
Onde os desenganados jamais dormem,
Uma confusão de braseiro, infâmia e dissonância
Que fui obrigado a tolerar desde o princípio
Sob o pavor de uma tragédia ainda mais dura
Que me dobrasse em partes irreconciliáveis,
Perdidas do eixo do meu peito manso,
Perdidas da minha condição elementar de humanidade.
Eu não sabia que um argumento verdadeiro é pouco
Se avaliado dentro de um extenso jogo de discursos,
Não compreendia as armadilhas do fogo,
Nem carecia de um motivo para cantar.
Fui um dos imprestáveis que devolveu a carne à orgia,
Que se hospedou na cave das madonas libertinas,
E não por divertimento ou bizarria,

Mas porque a invalidez havia me assaltado até a vertigem
E todo brilho de areia que por ventura eu entrevisse
Emanava para mim de alguma aurora doentia.
Hoje sou o errante que civiliza o vácuo.
Tenho olhos que miram a exuberância da erva-doce
Mas dela só enxergam um grosso punhado de sarça.
Um rival entre os parentes,
Qualquer anônimo dentro do meu pesadelo,
Os braços da fome emergindo dos meus panos,
Imundice que desperta de um puro sentimento,
O revés da alma, antes meu conteúdo imenso,
Seiva subindo pelo organismo, seiva descendo,
Uma caça devorada pelo abutre, ainda quente,
Estas ruínas que transporto inutilmente.
Nem promessa de luz, nem melancolia:
Um fantasma já não medita sobre o seu tempo.
Enquanto limpo o meu terreno do joio,
O maldito se aproxima, muito cavalheiresco,
E com as patas em torno do cabo da forquilha
Ele sugere me ajudar com o arado.
Eu me pergunto se acaso este veneno
Que se espalha com perigosa lentidão
Descerá tão fundo ao limite da inclemência
Até me transformar num vadio
A quem nada importa ter-se habituado à desgraça.
As idéias que antigamente me agitavam
Não produzem mais nenhum brilho exultante
Porque a minha prisão neste lugar do Oriente
Contesta toda possibilidade de amor

E induz qualquer pequeno gesto de brandura ao ódio.
De outrora só restou a matriz do indivíduo
Que disseminava aos ventos o seu afinco,
Sua identidade missionária e sua completa retidão.
As regalias da serenidade,
A juventude na orla viçosa dos campos,
O fruto do labor amealhado por anos,
Tudo se pulverizou com a minha queda.
Temo pela evasão do pensamento lúcido,
Eu enfraqueço tão apressadamente,
Coberto de humilhações, aleijado.
Quase permito que o corvo encontre em mim
Um porto para a sua miséria peregrina.
No entanto, estes membros são todos nudez,
Por nenhuma contenda eu pegaria em armas:
A minha razão é a singular vara da batalha.
Já não peço o contrário desta noite — eu silencio.
Venham os comandos dianteiros da artilharia,
A chuva insurgente de invernada, o seu granizo,
Caiam todos sobre mim: eu subsisto.
Não devo profanar as minhas conquistas, se as perdi,
Nem temer se me reduzem a um insensato que delira.
Porque suportei o incêndio e a sangria
E foram mensagens torturantes que aceitei,
Sem por isso professar a minha nostalgia,
Porque me deitei no pó e ali me calei por sete dias,
Mereço encurtar as fronteiras do destino:
   — Este é o meu único pedido.

Lamentações

I

Esta dor voltou a ser
A insuportável fome antes da morte,
A catarse da nossa paixão
Pelas crianças anêmicas,
O despeito das famílias deportadas
Que eu jamais esqueço
Porque a destruição dos princípios de um povo
Não se esquece,
O lugar santo visto à luz da chama,
A tua casa tornada em escombros,
E os nossos iguais, que eram tantos,
Punidos por seus crimes de indolência.
A cidade que tive em mim sobreviveu
Pelo preço do teu sangue e do sangue
De jovens inocentes,
De rebentos mal postos na vida,
De garotas mirradas e de velhos
Recolhidos no mais puro silêncio.
Sobre as cinzas do meu território
Uma geração inteira renasceu
Para descobrir como eu padeci,
Como eu te vi enfraquecer lentamente.

II

Imaginamos — "já basta",
Mas ainda era preciso
Que nos misturássemos aos mortos,
Que cedêssemos juntos
E nos causássemos asco
Por termos assistido de frente
Ao nosso estado miserável.
Uma história de séculos parou,
Desprovida do governo dos homens,
Talvez por um segredo mau
Que nos induziu a entoar em falsete
Uma prece unânime pela derrota.
Dos lugares de passagem
Não fica o espaço transitório do nosso corpo,
Mas a lembrança de terem abolido
O nosso convívio profundo com a terra
Durante os trabalhos e os cantos.
Dessa fraqueza que entorpece
Sobe um cheiro de coisa pestilenta
Que pega nas mãos, na veia importante,
Na nossa cabeça já muito doente.
Todos nós caímos em desgraça.

III

Eu persisti,
Olhei os teus braços erguidos,
Pesquisei os teus pavores nos meus,
E concluí que a nossa luta era perdida.
Uma criatura monstruosa triunfou
Sobre os pontos cardinais desta nação,
Eu senti como reclamavam os meus filhos,
Eles rogavam a proteção de um milagre
Mas já num último gesto de fadiga.
Toda a hipótese de paraíso desabou,
O tesouro de tua história foi consumido,
Os meus meninos mandados para o exílio,
Ali onde a vida é proibida.
Eu, que não tinha a consciência pervertida,
Que podia resistir ainda,
Abri a nossa sepultura
No espaço entre as muralhas derruídas.
Com o mesmo amor que ofereci ao povo
Desejei um tempo pela manhã
Em que nenhum de nós acordaria,
Um tempo que transformasse a despedida
Na melancólica ilusão de sermos livres.

IV

Quando as feras montaram
Sobre o resto de velhas origens,
Eu te procurei no meio daqueles
Que primeiro haviam desistido,
Eu te quis vivo,
Transtornado, mas vivo,
E perdi a minha inocência
Ao descobrir, em teu lugar,
Uma aberração que sorria.
O peso de um duro cansaço
Expôs a medida do meu ressentimento,
Eu me desequilibrei,
Estava paralisada de medo.
Uma eternidade se passava
Assim violentamente
E nós a compreendíamos
Na expressão da nossa descrença,
Na fertilidade macabra das bestas,
Na hesitação da nossa paciência.
Nada mais nos distinguia do medo,
Nada justificava a nossa indigência,
Nem o mais grave pecado cometido.

V

Contornada a margem fina
Do esquecimento,
Uma nova capital aparecerá
Sobre a antiga,
Novas mulheres que não tenham conhecido
A barbárie que escandaliza e mata um filho,
Ou o desespero do auto-sacrifício.
"Qualquer saudade vivida pelo corpo
Possui as etapas de sua própria superação"
— Aprendemos isso.
O que de nós foi roubado
Mas antes resplandecia,
O que foi interrompido em mim,
Instinto de luta,
Retornará mais ardente, mais firme,
Para as mãos de quem eu nunca vi,
Alguém sentenciado a cumprir
As mesmas lamentações
Que no passado eram minhas,
Os mesmos versos noturnos
Que abalaram a minha inteligência
E me arrastaram contigo para o fim.

Passagens

Eu escrevi a minha desventura.
Uma única noite em dez anos
E o teu poder sobre mim estava consumado.
Talvez eu não devesse dizer, mas
Na escuridão eu desci, renascendo.
Entendi o alento das multidões
Quando cantam com sua fé
Tão impregnada de ignorância.
Estive entre os homens comuns
Que exibem na pele o signo da revolta,
Também eu gravei na minha pele
O sentimento da intolerância.
Desejei alguém para animar essa existência
Que no silêncio eu via diariamente morta.
Desde então percebi em mim
A tua forma satânica,
Um par de asas negras fechadas sobre a face,
Uma beleza de tal modo cinzenta
Que eu te chamei como quem chama a si próprio.

Perdeste o teu melhor destino
Certa vez, a bordo de uma nave,
E morrendo um pouco em teu desejo,
Ainda assim, não te cansaste.
Perfeita concepção da natureza,
Eras apenas uma fera destemida
Que ignorava os danos da voracidade.
Com teu mágico desconhecimento da vida
Cruzaste um marco interdito, demônio em transe,
Tu violaste os limites da coragem,
De novo te sentiste assediada pela morte
E porque a tua palavra de ardor desaparecia
Também uma idéia da existência se acabava.
Seguiste, mas já sem nenhuma fortaleza,
Nenhuma sabedoria que para o bem te governasse.
Criatura entorpecida, uma esfinge apavorada,
Continuaste errando em nome de tua velha sensibilidade.

Não falamos mais sobre este abismo.
Nossa duração se apóia a um juramento
Que somente vive porque um outro
Menos penoso e menos opaco naufragou.
Evitamos explicações demasiadas
Sobre a nossa atitude sempre aflita
Diante de uma antiga disputa sem solução.
Escolhemos um tolo passatempo,
Um provérbio em louvor do esquecimento,
Um pretexto para exaltar a nossa resignação.
E a mente padece como se arfasse,
Não logra reproduzir a última vez
Em que juntos despertamos para o espírito
Obcecados com a nossa majestade.
Voltamos a sentir aquele medo
Que nenhuma compensação arrefece,
Nós pedimos com a voz estrangulada
Que o nosso êxtase novamente aconteça.
Mas que não nos proteja e que seja rápido.

A música fala pelos que ficam.
Nenhuma distância é possível
Entre a nítida presença de um corpo
E sua despedida repentina.
Para aquele que viaja em busca do futuro
Eu canto com a impureza do amor
Que me esgota e também me extasia,
Que me leva a produzir o tédio
Com os meus dedos engordurados de vida.
A violência do ódio primitivo canta comigo
E são estas trevas que me acompanham
À dimensão de um tempo sem destino
Em que nada se perde porque nada existe.

Danço contra os sinais de pecado
Que Deus pôs em mim,
Numa violência de estranha beleza.
Se me canso, Ele ainda me atiça,
Se revido, Ele mais me golpeia.
Lhe respondo uma última vez
Com a chama das canções do Templo.
O semblante do meu desejo aventureiro
Sempre espera um visitante que não sei,
Alguém que surge e não fica,
Que me fascina e não me retém,
Aquele que diz "agora e não amanhã",
E habita o meu lado de dentro.
Constante, singular, astro do Inconsciente,
Deus não está no filho que fez.

És o senhor de um continente livre
Onde os teus amores não pretendem nada
Porque a miragem da carne não existe mais.
Na tua postura delgada e muda
Uma essência ora se ilumina,
Ora te faz prosseguir ao acaso,
Mas o temor do exílio já não ecoa dentro em ti
Sua velha litania desesperançada.
Pouquíssimos conseguiriam contemplar
Os mistérios que a tua religião emana
Sem te julgarem um homem enfeitiçado.
Tu sabes facilmente de onde extrair o que te falta.
Enquanto te achas perdido, ao invés,
Estás muito bem guardado em tua alma.

Ainda estou em luta e sonho
Embriagada pelo sentimento de uma idéia
Que me afasta da rotina dos meus atos
Repetidamente exercidos sem paixão.
Não devo mencionar o meu corpo
Se quero dissolvê-lo na harmonia
Que atenua os desastres e as delícias do tempo
Pela saudade, este vasto entretenimento da imaginação.
Devo sim estar calma, e pura,
Semelhante àquele que em sua virtude ama os doentes
Como em si mesmo a indisfarçada fealdade.
Despojada dos meus pudores, eu nada prefiro
— Apenas sou.

Ave degolada é a tua memória,
Inocência ressentida de abandono,
Grande mentira imperdoada,
Brasa que resiste ainda,
Chuva de cinzas num mar que não acaba.
Fica a pergunta indesejável e necessária :
Quantas figuras reais sonhaste em teu luto
Sem que a ilusão as transformasse em fatuidade ?
Horror de algo que pulsa e não existe mais,
O que por ti já passou, mas sempre retornará,
Carrossel dos enforcados, profecia de tua desgraça,
Insânia nas alturas, e mais desgraça.

Aconteceu-me este fogo
Ao caminhar por certas trilhas
E esquecer a dor subterrânea
Que esperei como destino.
Nalguma encruzilhada eu me queimava,
Era o que me destruía:
Conhecer minha liberdade
E não ser capaz de um engenho incrível.
Quando já não suportava,
Fiz surgir meu inimigo
Que chorou com a voz dos condenados
E teve a santidade consumida
De um homem frente ao signo da morte,
Homem que eu jamais seria.

Deste-me o segredo de teu nome
E era pouco;
Deste-me luz, completo entendimento,
Uma força maior que a tua
Para quando eu me perdesse.
Juventude e paciência
Que vão juntas raramente
Apegaram-se a mim
Porque estive em tua presença
E ainda hoje permaneço
Leal a teus mandamentos.
Debaixo do sol, onde por um instante
Nos olhamos sem diferença,
Eu pretendi este poema em teu louvor
E, como se não fosse por ti,
Me tornei imenso.

Nada foi feito que revivesse a coisa morta,
Mas no rosto do amante solitário
Uma tarde despontou dentre milhares
E quis do homem o seu prazer intenso
De sonhar o mesmo vulto sobre a cama,
O mesmo vínculo que se estabeleceu
Para ser rompido como os que o antecederam
E os que viriam raramente depois dele.
Cindiu a indiferença dos anos e voltou
Com sua fome, seu poder ambíguo de encantar
Pela eternidade do instante que floresce
Apenas quando a melancolia de tê-lo perdido
Também volta, agora com toda a sua beleza visionária.
Uma tarde cuja manhã já se esqueceu
No traço de tantas iguais que vêm e passam
Como para só cumprir o ato necessário;
Uma tarde cuja noite se tornou algum resíduo amortalhado.
Estava ilhada, suspensa no fluxo do tempo,
Era a relíquia do amante e era o seu trauma.

Já não me recordo da tua adolescência,
Mas se eu pudesse trair a natureza
Que uma vez deu energia à minha memória
E portanto me deu a isenção do esquecimento,
Se eu falasse do teu rosto obsessivo
Que gerei na abstração da consciência
E que jamais se afastou de mim
Embora um dia o esquecesse,
Se eu viesse a recobrar este momento
Em que foste parte da minha própria existência,
Uma parte sem esperança e sem decência,
Quase a substância pura do meu desespero,
Caso eu vencesse esta doença
Que sempre desfez as virtudes da minha experiência,
Se tua presença companheira retornasse
Agora sem prazer e sem um vestígio de sofrimento,
Eu não seria o mesmo pintor de paisagens
Exilado no interior dos meus anseios,
Eu seria, ao contrário, a personagem
Que viveu no centro da tua inteligência
E que apesar disso não soube contemplar,
Por trás da loucura, o teu rosto verdadeiro.

Procurei o teu olhar desatento
Nalgum lugar onde não existisse o mal.
Este foi o meu desespero,
Minha ambição murmurada em desordem.
Queria remover a pedra do teu espírito
E nada encontrar além da solidão brutal
De tua personalidade, a sabedoria
De tuas tardes recolhidas no ato de pensar,
Queria chegar à tua juventude envelhecida
Pela ironia de um tempo que não cessa mais.
Não percebi que buscava o meu pai
Com o intuito macabro de matar e esconder
O animal arredio que vive dentro do homem
A maquinar contra o amor e a razão.
Tanto me esgotou o sono da fantasia
Que não pude senão despertar.
Apenas de volta à realidade, amanhã,
E já te vejo derrotado pela mentira
De tua exacerbada confiança em ti mesmo
E no que vejo só reconheço o teu outro.
Nós temos em comum este corpo que nos trai.

Tinha de ser o caos.
A descida do pai libertou
O demônio confinado nos seus filhos.
Pela fantasia de infringir,
Pela analogia do sangue,
Os herdeiros da casa velha se engalfinham.
Chovia no caminho de tábuas,
Ao pé da escada do pátio a lama cheirava bem
E a infância mostrava suas vísceras.
Hoje, muito tempo separa os irmãos
Deste primeiro conhecimento da vida.
Desapareceram as imagens que a lembrança discernia
De todo o imenso cortinado de ilusões,
O pátio envelheceu como envelheceram os meninos
— Sem dar pela ruína da transformação.
O luto da família, que se cumpre com disciplina,
A tradição das noites de ofício na voz do pai,
O culto das letras eruditas,
Tudo isso ardeu no fogo de um sabá.
Deitados na mesma cama, ensandecidos,
Os irmãos se possuem. E gritam.

Ignoro se tu és capaz de voltar.
Quero a novidade de tua ausência
Com uma paixão sem calor que mais aumenta
Quando tento vencer a realidade.
Sou a paz em que acredito inutilmente
E ainda sou a vertigem desta paz.
O desejo de que tu compareças
Não dura em mim do mesmo modo que tua imagem,
Que tua forma irresponsável de mover-se,
E se despir e descansar no meu passado.
Tu permaneces aqui sem teu corpo
E, pensando no oculto, eu abandono a existência
Para me deitar no lago das carpas.
Teria sido o final de um verão
E não o tempo em que te foste
Se em vez de amando eu estivesse louco.
Tu vives no propósito de minhas ficções:
Uma terra deserta, estável e mansa.
Nesta hora em que desapareces do meu sonho,
Também eu, predador de tua alma, vou com os mortos.

Agora eu compreendo as tuas passagens.
Aos quinze tu pegaste corpo
Mas ainda não te valiam as mudanças,
Tu foste à cata das estrelas
Na tua distração de criança.
Caminhavas no porto de Gênova
Entre os carregadores de centeio,
Quantas vezes o pai te aturdiu no rosto e te cuspiu
Por cresceres apetecendo tanto aos outros...
As botas de chuva, um colar mexicano,
Teus olhos pintados suavemente,
A infelicidade descoberta de assalto
No interior sombrio dos museus,
O primeiro diálogo travado com um estrangeiro,
A dança interpretada pelo teu corpo bêbado,
Uma ferida enorme rasgando tua coxa esquerda,
Foram estas forças do hábito
Que te levaram ao silêncio do medo.
Num tempo que mal continua, estás firme,
Mas já não crês que tenha havido justiça
Em sempre perder os amores que te cabiam,
Não crês que tenha havido um sentido
Nesta mórbida melodia.
Ainda me calo ao ver tua coragem
Amadurecendo a cada separação.
Eu te compreendo profundamente.

Hás de partir sem demora.
A cada instante acordarás em outro campo
E verás em ti a emoção de uma outra face.
Nenhum pacto entre irmãos largados à prova do tempo
Resiste à intenção final do desenlace.
O infinito sonho da memória
Se alimenta das coisas desprezadas
Extraindo delas o espírito
De uma única procura que não morre.
Uma ave de rapina encarnou-se no teu peito,
Armou os teus braços de asas grandiosas
E lançou vôo à espreita da carniça
Mudando sempre o teu itinerário
De sorte que não mais te acostumaste a um só crepúsculo,
Nem à paz que a água recende quando brota.
No teu lento caminhar não se percebe
O quanto já avançaste e por onde,
Em verdade pouca lembrança resta
De uma subida espinhosa ou de um atalho
Porque antes os teus olhos de menino
A nada terão se apegado.
O anseio de atravessar as terras novas
É apenas o que existe em ti
Para ser indefinidamente reavivado.
E tudo o que amas com fervor
Reside no absoluto esquecimento do passado.

Esquecemos este céu absoluto
Que inspirou o nosso enigma.
Esta prisão do silêncio,
Derrota do nosso grito,
Confinou entre paredes
O canto selvagem das crianças
Surgidas do desconhecido.
Aquilo que o destino elaborava
Na sua muda conspiração de ritmos,
Fosse um labirinto de sombra
Ou tão-somente, antes disso,
Um cuidadoso plano de suicídio,
Não soubemos decifrar.
Chegamos ao extremo do caminho
Aonde ninguém vai sem antes dar-se por vencido.

Oráculo de uma só resposta,
Entrega amor aos teus discípulos,
Enfarta-os com o amor
Que é sumo veneno para quem pensa,
E nenhum deles ousará novamente
Entrar nos teus mistérios.
Diz que uma febre se esconde
No seio do próximo inverno,
Que os horizontes estão se fechando
Para todos os ascetas.
A iminência de uma tragédia
Acordará os instintos rebeldes
Que vagavam na atmosfera, entre homens,
Como mais um elemento da natureza.
Vê a cólera explodindo,
O vazio aberto pela nostalgia do presente,
Vê a raposa da montanha arreganhando os seus dentes.
Por ti uma aldeia estremece
Ao sentir que o futuro se apressa.
Torna colossal o teu segredo, oráculo —
Traz o temporal, mas não tragas a febre.

O inferno esteja contigo
No dia em que teu pai morrer
Sob o aplauso de gente bastarda como tu;
Que a impiedade do tempo te faça mais cansado
Do que um camelo magro ao qual se cortam as patas.
As meninas que tu desencantaste no auge da ternura
Vão batizar tua cabeça animalesca (já separada do corpo)
Na intenção de que venhas a nascer um homem, e não uma farsa,
Em qualquer outra era distante e num país de outras raças.
Que a providência se feche à tua passagem
E cada mínimo fato da rotina trabalhe para a tua solidão.
Não suportarás a vida aferrolhando tua garganta.
Quem não te conheceu e nem mesmo soube do teu fim
Perceberá o sopro do vento quando a terra te engolir.

Retorna para o Tártaro,
Não tenhas medo.
Ouvirás a pálida sentença do teu julgamento
E, depois, as Fúrias aprontarão
A marcha do teu declínio por detrás das muralhas.
Os fracos que não puderam viver
A oleosa espera do sono,
A raça dos corrompidos por fome de vingança,
Os partidários do ódio sem culpa,
A hiena dentro dos mais sábios,
Os seres entorpecidos pelo cotidiano da carne,
Os impostores da lei, as mentes ociosas,
Os falsos poetas contemporâneos,
Sacerdotes da palavra inadequada,
Uma nuvem de espíritos errantes
Povoará os bosques de mirto
Para te mostrar na forma de um corpo nu,
Destinado aos recessos do mundo,
A essência dos teus próprios atos.
Pede esse instante mais que nunca, disseca-o.
Tu te surpreenderás invejando os cegos e os bobos
A quem foi poupada a visão da morte.
Agora esquece.
Já se iniciou o teu funeral —
Não tenhas medo.

Para honrar tua vontade, festejamos.
Esse amor rente à boca nos ensina
A crer no tempo da eternidade,
Num espaço em que a matéria é luz, enfim,
E onde o temor da morte se destrói.
Atravessamos a época de um verão que faz sofrer,
Uma serpente se levanta entre os cascalhos
E se põe contra quem vem pelo caminho.
Mas somos muitos, somos teus, e aguardamos.
Se coragem há que torne as horas mais tranqüilas,
Nós não sabemos,
Apenas contamos com o retorno de teus olhos
E ao poder da natureza suplicamos
Que recuperes a mesma identidade
Pela qual te reconhecíamos diariamente
Como o soberano autor de tua vida
E não este ser convulso que de nós se afasta
Para vagar numa esfera invernal
De mudez, alienação e indiferença.
Estamos em ti sempre que te ausentas.

Outubro

I

Pelo coro de nossas mãos trêmulas
Exibimos a medalha fria
Do triunfo da vida
Por cima dos teus olhos adormecidos.
Tínhamos um sorriso malposto
Sobre a nossa máscara triste,
Uma tempestade por dentro
Quando as tuas noites calmas
Para nós eram noites de agonia.

II

Diz agora se te lembras da casa
Onde a gigantesca mariposa debatia
Suas asas de seda através das grades,
Onde os anos pesavam tanto
Que a chuva descia com seus tentáculos d'água
Pelo vértice dos nossos quartos cerrados...
Diz se ainda estamos contigo nesta felicidade
Ou se inventamos uma falsa alegoria
De tua verdadeira história desalmada.

III

Negro faisão, e tão negro
Que, ao sol, a plumagem azulava.
Excelência da natureza...
Dos pássaros, o mais nobre.
Entre as revelações de Deus,
A pura simplicidade.
Velho faisão, sem tormento,
Teu apogeu se desfez
Na manhã fulminante de um sábado.

IV

O mistério do destino existia no teu peito,
E vibrava.
Era uma pepita de sangue
Que em silêncio continha a tua desgraça.
O inverso da arte — abandono,
O inverso da razão — mente anárquica,
Um país incógnito
Ao invés da influência de tuas palavras.
Não será mais ninguém, senão tu, esse outro que te invade.

V

O que nos foi dado, há muito tempo,
O nome do pai e o segredo da chave,
O mundo branco entre dois corpos,
A vagarosa construção de uma obra,
E o inesquecível diamante,
Fonte onde qualquer som se dispersava,
Uma estátua noturna que sonhava e se movia
Na terceira hora da madrugada.
— Tudo o que era nosso nos foi tirado.

VI

Mas algo ainda permanece,
Penumbra de nossa própria forma
Derramada sobre o chão,
Vento de uma tarde inóspita
Que mistura o cheiro da pele
De animais tão remotos,
Os últimos versos deste poema:
Toda negação da morte
Reconduz tua presença, tua voz, teu ideal.

Poemas para Epitáfios

Àqueles que eu vi atônitos de alegria
e que morreram:
o jovem indomável,
uma criança à flor da paixão,
a santa mulher de um século
e um artista povoado de ilusões

Porque o culto da alvorada persevera
Tu não desaparecerás.
Sentinela dos teus frágeis descendentes,
Dá-lhes talento, produz com eles a semente,
Desenvolve-as,
E não desaparecerás.

Pela severidade da espera ao longo do sono,
A paz.
Pela fortuna de décadas absorvidas na tarefa das mãos,
A graça.
Pelo evento cauteloso da partida,
A libertação.

Fui contado entre aqueles que desciam,
O prisioneiro referido no cântico de Hemã.
Farto das minhas peregrinações,
Não mais procuro restaurar o prodígio da juventude.
Tenho comigo outra constância poderosa
Que me rende a noite e as perguntas inauditas.

Carrego a palavra mansa que me acalentou
Quando era o fim.
Possuído das flores de novembro,
Tentei mais amor do que podia,
Mas eu sofri.
Na queda, a exortação do sábio veio a mim.

Se alguém negasse a fé nos tempos da agonia,
Eu não protestava do mesmo modo, apenas seguia.
Se a minha terra sangrasse, já sem vida,
Eu desertava em busca da sorte longínqua.
Jornada do corpo, vontade do espírito,
Conheci sozinho a ventura de ser livre.

Um homem buscou o princípio do poema
E o que nele estava contido.
A revolta da natureza também traz com a tormenta
O alimento da campina —
Assim falava o provérbio no seu início.
Este homem que buscava, e descobriu, agora dorme tranqüilo.

Para além do muro de pedra
Os espinhos foram tolhidos,
A cor púrpura assumiu as veredas
Do antigo solo de urtigas.
Na sétima vez em que o corpo se ergueu,
A grande planície do horizonte exibiu sua serventia.

Sem força, ainda consenti em avançar.
Não rejeitei o ouro que retribuía
As semanas despendidas à vara e a remo
Na lida destinada aos pertinazes.
Fui cuidadoso, só entre a doença e a despedida
Mostrei que todo ânimo vinha da minha lástima.

Eu quis o mar, o porto de águas mornas,
Um desvão onde guardar minha ansiedade.
Larguei-me na amplitude da corrente
Que tragava as embarcações desorientadas.
Na largura da noite altaneira, o meu intuito:
Depositei em uma estrela miúda o segredo da viagem.

Deixaste conosco a festa mágica de tuas cores,
A faísca rudimentar das bandeirolas,
Um perfil delicado de criança,
Tua aquarela de objetos flutuantes,
Uma aceleração progredindo ao infinito:
Dez mil nomes sedimentados no teu sonho.

Nossa pequena menina inesquecível,
A mesma auréola feminina que se inflama,
O mesmo jeito de brincar pelos canteiros,
Nosso vôo de jandaia predileto,
Tudo que lembra a ti nós entoamos dia a dia
Em memória da tua partida inesperada.

A placidez com que foste cerzindo os anos,
Tua bondade indistintamente pronta
Para os tolos e para os iluminados,
O consolo da tua voz franca e suave
Tão logo os netos surgiam sem amparo,
Essa tua existência inviolável eu semearei por toda parte.

Não te aflijas:
Na entranha do rochedo que te prendeu
Foi inscrita a audácia do teu desafio,
Do espelho inerte que te recebeu
Uma fonte viva expediu a tua luz.
Que nunca se perca o esplendor da tua ascensão.

Mariana Ianelli nasceu em 1979 na cidade de São Paulo. Em 1999 lançou seu primeiro livro de poemas, *Trajetória de antes* (Iluminuras). Dois anos mais tarde, publicou *Duas Chagas* pela mesma editora. Formada em Jornalismo, atualmente estuda as relações entre poesia e filosofia no curso de mestrado em Literatura e Crítica Literária pela PUC/SP.

Site oficial: www.uol.com.br/marianaianelli
E-mail: marianaianelli@uol.com.br

Este livro terminou
de ser impresso no dia
12 de outubro de 2003
nas oficinas da
RR Donnelley América Latina,
em Tamboré - Barueri - São Paulo, SP.